Mi introducción a
CTIAM

MW01134073

En el ARTE hay MATEMÁTICAS

Nikole Brooks Bethea
y Pablo de la Vega

Rourke™

CONEXIONES
de la ESCUELA a la CASA
DE ROURKE
ANTES Y DURANTE LAS ACTIVIDADES DE LECTURA

Antes de la lectura: *Desarrollo del conocimiento del contexto y el vocabulario*

Construir el conocimiento del contexto puede ayudar a los niños a procesar la información nueva y a usar la que ya conocen. Antes de leer un libro, es importante utilizar lo que ya saben los niños acerca del tema. Esto los ayudará a desarrollar su vocabulario e incrementar su comprensión de la lectura.

Preguntas y actividades para desarrollar el conocimiento del contexto:

1. Ve la portada del libro y lee el título. ¿De qué crees que trata este libro?
2. ¿Qué sabes de este tema?
3. Hojea el libro y echa un vistazo a las páginas. Ve el índice, las fotografías, los pies de foto y las palabras en negritas. ¿Estas características del texto te dan información o ayudan a hacer predicciones acerca de lo que leerás en este libro?

Vocabulario: *El vocabulario es la clave para la comprensión de la lectura*

Use las siguientes instrucciones para iniciar una conversación acerca de cada palabra.

- Lee las palabras del vocabulario.
- ¿Qué te viene a la mente cuando ves cada palabra?
- ¿Qué crees que significa cada palabra?

Palabras del vocabulario:
- *colchas*
- *columnas*
- *embaldosado*
- *mosaico*
- *patrones*
- *polígono*

Durante la lectura: *Leer para entender y conocer los significados*

Para lograr una comprensión profunda de un libro, se anima a los niños a que usen estrategias de lectura detallada. Durante la lectura es importante hacer que los niños se detengan y establezcan conexiones. Esas conexiones darán como resultado un análisis y entendimiento más profundos de un libro.

 Lectura detallada de un texto

Durante la lectura, pida a los niños que se detengan y hablen acerca de lo siguiente:

- Partes que sean confusas.
- Palabras que no conozcan.
- Conexiones texto a texto, texto a ti mismo, texto al mundo.
- La idea principal de cada capítulo o encabezado.

Anime a los niños a usar las pistas del contexto para determinar el significado de las palabras que no conozcan. Estas estrategias los ayudarán a aprender a analizar el texto más minuciosamente mientras leen.

Cuando termine de leer este libro, vaya a la última página para ver una **Actividad para después de la lectura.**

Índice

La simetría en el arte

Mira este edificio. ¿Qué ves? Los artistas ven **columnas** y esculturas. Los matemáticos ven simetría. Esto significa que dos partes son iguales.

¿Puedes señalar qué partes del edificio muestran simetría?

5

Una línea de simetría divide un objeto en dos. Cada mitad es un espejo de la otra.

Las partes coinciden si el objeto es doblado justo por esta línea.

doblez

¿Puedes encontrar la simetría en esta pieza de arte? Hay una línea horizontal de simetría. También hay una línea vertical de simetría.

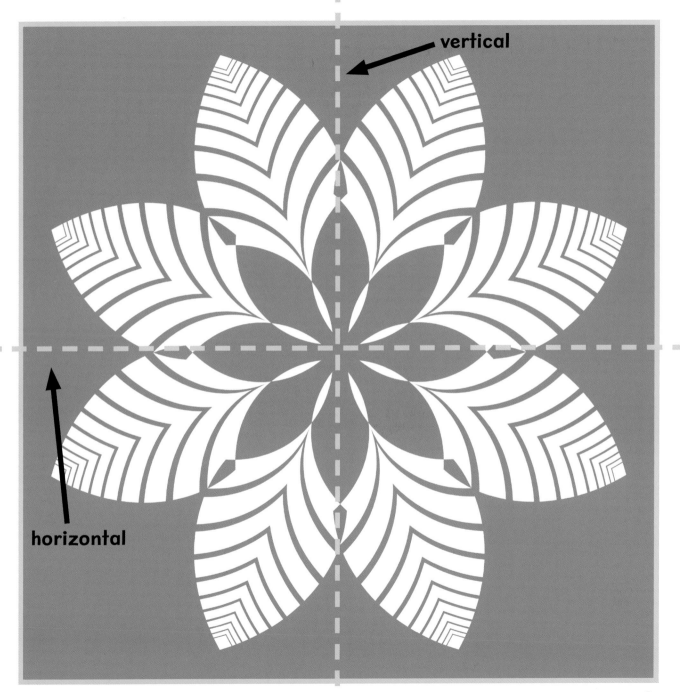

vertical

horizontal

9

La geometría en el arte

El **mosaico** es un arte antiguo.

Los artistas lo hacen con azulejos, piedras o vidrio.

La geometría es una forma matemática que incluye puntos, líneas, formas y espacios.

El arte del mosaico está lleno de formas geométricas. Un **polígono** crea diseños distintos. Hay diversos tipos de polígonos.

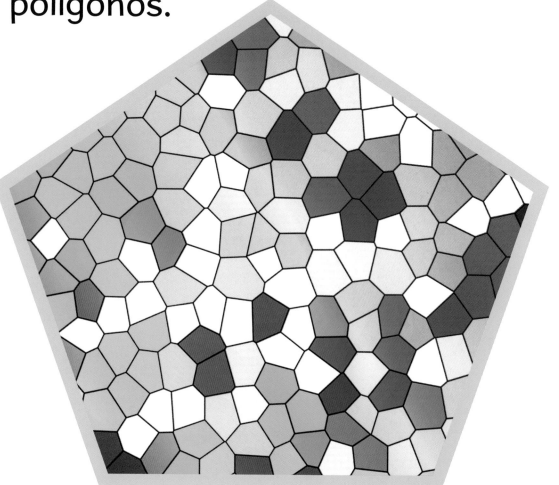

Tipos de polígonos

 Triángulo: tres lados

 Cuadrilátero: cuatro lados

 Pentágono: cinco lados

 Hexágono: seis lados

 Heptágono: siete lados

 Octágono: ocho lados

 Eneágono: nueve lados

 Decágono: diez lados

Patrones en el arte

Los **patrones** se repiten en el arte. Pueden ser encontrados en azulejos y **colchas**.

Los patrones también pueden ser encontrados en pinturas y vitrales artísticos.

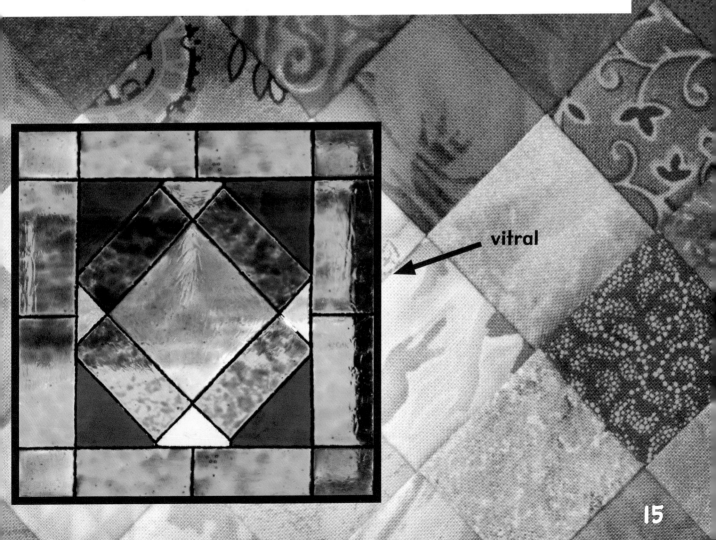

vitral

Un **embaldosado** cubre una superficie con patrones que se repiten.

No hay vacíos o superposiciones.

17

El arte está en todas partes.

Mira a tu alrededor. ¿Puedes encontrar las matemáticas en tu arte?

Haz tu propio vitral

Necesitarás:

- ✓ cartulina negra

- ✓ papel encerado

- ✓ papel de seda de distintos colores

- ✓ tijeras

- ✓ cinta adhesiva transparente

- ✓ pegamento para manualidades

Instrucciones:

1. Corta un cuadrado, un rectángulo o un círculo grande a la mitad de la cartulina negra. Esta es tu forma.

2. Con la cinta adhesiva, pega el papel encerado en la parte trasera de la forma negra.

3. Corta polígonos y otras formas con el papel de seda.

4. Pega las formas de papel de seda en el papel encerado detrás de la forma, creando un patrón.

5. Deja que el pegamento se seque.

6. Pega o cuelga tu obra de arte en una ventana.

Glosario fotográfico

colchas: Cubiertas para cama hechas de telas acolchadas cosidas en patrones.

columnas: Pilares altos y verticales que sostienen algo, como por ejemplo un edificio.

embaldosado: El arte de cubrir una superficie con formas que se repiten sin que estas se superpongan o que haya espacios vacíos.

 **mosaico:** Un patrón hecho con piezas de piedras, mosaicos o vidrios de colores.

 **patrones:** Diseños repetitivos de colores, formas y figuras.

 **polígono:** Una figura cerrada con lados rectos.

Índice alfabético

Actividad para después de la lectura

Dobla una cartulina en dos. Ábrela de nuevo. Dibuja con pintura un diseño en una de las mitades. Dobla la cartulina de nuevo presionando ambos lados estrechamente. Cuando la abras, ¡tendrás una pintura simétrica!

Acerca de la autora

Además de escribir libros de Ciencia para niños, Nikole Brooks Bethea es una ingeniera profesional. Obtuvo su licenciatura y maestría en Ingeniería Ambiental en la Universidad de Florida. Vive en el mango de Florida con su marido y cuatro hijos. En sus tiempos libres puedes encontrarla en alguna cancha de béisbol.

www.rourkebooks.com

PHOTO CREDITS: Cover ©Ardely, Pg 3, 4, 21 ©Dog-maDe-sign, Pg 12 & 13 ©in-future, Pg 10 & 22 ©Kalinda7, Pg 14, 22, 23 ©Ailime, Pg 16 & 23 ©Mlenny, Pg 5 & 22 ©Lightstone-Media, Pg 6 & 7 ©kurga, Pg 9 ©troyka, Pg 11 ©Webeye, Pg 15 ©nndrln, Pg 19 ©FrozenShutter

Editado por: Laura Malay
Diseño de la tapa e interior: Kathy Walsh
Traducción: Pablo de la Vega

Library of Congress PCN Data

En el arte hay matemáticas / Nikole Brooks Bethea
(Mi introducción a CTIAM)
ISBN 978-1-73165-468-7 (hard cover)(alk. paper)
ISBN 978-1-73165-519-6 (soft cover)
ISBN 978-1-73165-552-3 (e-book)
ISBN 978-1-73165-585-1 (e-pub)
Library of Congress Control Number: 2022939574

Rourke Educational Media
Printed in the United States of America
01-0372311937